토요일엔 옥금 씨가 더 행복하다

지혜사랑 323

토요일엔 옥금 씨가 더 행복하다

박경분 시집

시인의 말

모든 것이 잔잔해졌으면 좋겠다.

차례

시인의 말 — 5

1부

굴밤 묵	12
오래된 소파	14
닭 간	16
분꽃이 낮에는 입을 다무는 이유	18
아마도	20
안경을 닦을 시간	22
오촌 아줌마	24
위하여	26
냉이	28
양파 모종을 고르는 저녁	30
목공 이 씨 설날	32
잡초	33
밥	34
묵정밭에서	36
청마리에 가면은	38

2부

우채꽃 당신	42
2월 초하루	44
점 하나	46
적화 시기	48
토요일엔 옥금 씨가 더 행복하다	50
그대로 멈춰라	51
하다가도 하다가도	52
붕붕카	54
산에는 웃음꽃이 산다	56
엉터리 셈법	58
밤 뻐꾸기	60
있는데 없는	61
보끈 땅콩 2되	62
수족관 서점	64
아버지의 물꼬	66

3부

알고 있지 엄마는 — 뻐꾸기는 그냥 우는 거란다 친구야   68
옥수수   70
월동 준비   72
이제야 알았네   74
이 형사댁   75
일갈   76
이 남자   77
잡초라 불리는 것들   78
팔 수 없는 무게   80
엄마의 겨울 채비   82
한 치 걸러 두 치   83
사백 살의 느티나무   84
화장을 하다   86
핑계   87
낙숫물 소리   88

4부

고추	92
누군가 왔으면	94
다시 접시꽃이 피었다	96
행운	98
라면 팔기	99
틈	100
라임라이트	102
분꽃 인사	103
아우들	104
오래 그리운 사람	106
쉼표	108
다녀오마	109
분홍 금낭화	110
마당 쓸기	112
녹차 우리기	113

| 해설 | 황치복

부재의 존재에 대한 소통과 공감의 시학 ─ 115
― 박경분의 시세계

- **일러두기**
  페이지의 첫줄이 연과 연 사이의 띄어쓰기 줄에 해당할 경우 >로 표시합니다.

1부

굴밤 묵

세상에 젤 좋은 보약은
굴밤 묵*이거나 텃밭의 채소들이라고 아주 굳건히 믿고 사는 우리 엄마
엄마는 실버카를 밀고
강가 다리를 건너 굴밤이 실한 나무 밑까지 가서
'도토리는 다람쥐에게'란 팻말의 글자는
바른 글자가 아니라고 무시하고
올해도 굴밤을 주워 왔단다
버스 타고 방앗간 가서 지들고 울구고 분을 내려
쉼 없는 저음질로 만든 떨떠름한 굴밤 묵
떫은맛이 약이 된다고 물에 많이 우리지 않는 굴밤
한 함박 해서 동생 오는 차편에 보냈다
남편은 예의상 깨작거리고
아이들은 인상 찌푸리며 도리도리한다
이게 어떤 묵인데
굴밤 한 알 찾아 줍는 게 노인네에게 어디 그리 쉬운 줄 알아
찔레나무 가시덤불도 헤쳐야지
독 오른 산 뱀도 살펴야지
굽은 허리는 몇 번이나 또 굽혔다 폈을까
끓는 물에 데쳐 간장 찍어 꾹꾹
야채 넣어 무침으로 꾹꾹

김치 묵밥으로 꾹꾹
며칠간 엄마표 보약 나 혼자 다 먹는다
튼튼하고 씩씩해져 나무 타는 아기 다람쥐처럼
엄마 앞에서 도리도리 짝짜꿍 귀염 떨 거야
굴밤 묵
굴밤 묵
오늘도 나 혼자 먹는 우리 엄마 굴밤 묵
내년에도 먹을 수 있을까
먹을 수 있을까

자시** 들여다 보는 굴밤 묵

---

* 졸참나무 열매로 만든 묵. 충북 옥천에서는 도토리묵을 대부분 굴밤 묵이라 한다
** '자세히'라는 우리들 표현

오래된 소파

건강검진 받아보면
여기저기 어느 정도 흠집 나 있는 남편처럼
함께 늙어 온 거실의 가죽 소파
새 소파의 반들거리던 윤기는
군데군데 버짐으로 피고
좀이 슬고
우리의 목주름과 바래가는 자신감처럼
가상사리가 너덜하다
요즘엔 또 어디가 탈이 나려는지
소파에 앉고 일어설 적마다
삐이걱
헐거워진 소리를 낸다

노사연의 만남 노래 가사마냥
아무리 늙어가는 것이 아니라 익어가는 것이라
외쳐대도
커 간 아이들의 그림자 길이만큼
늙어 온 것도 사실인 것을
아이들은
세대가 바뀌는 걸 인정하라는 듯
소파를 바꾸자고 보채지만
아직은 쓸만하다고

우리가 아직은 버려질 때가 아니라고
좀 더 둬 보자 미련을 두며
짙은 화장으로 얼굴 한쪽에 돋는 검버섯을 감추듯
덮개를 교체하고
삐걱거리는 무릎에 인공 관절을 박는 양
신문지 한 장 착착 접어 소파 다리 아래 괴어본다

닭 간

모래내시장
닭집을 지나는데 요즘엔 보기 힘든
'닭 염통, 닭 간 팝니다' 쓴 종이가 유리문에 붙어있어
어머나 반가워라
그 순간
불쑥 생각나는 막내

막내가 우리와 함께 살던 시절
가난하여 닭은 잘 못 사고 싼 부산물로 찌개를 끓이곤 했지
누나가 끓여주던 닭 간 요리는 천하일품이었다며
그 앤 가끔 추억처럼 입맛을 다셨지

추석 앞두고
막내는 포장된 닭의 염통 한 봉지를 사 왔어
닭 간은 살 수가 없었다며 아쉬워했어
누구도 요리하지 말고 꼭 내게 해 달랬어
얼마나 맛있게 잘 먹던지
남은 것은 싸갔지

그리고 한 달 후
오카리나 하나와 옥팔찌 하나를 내게 택배로 부쳐놓고

제 자동차 안에서 스스로 생을 접었어
버르장머리 없게 아무에게 인사도 없이
갔어
왜 갔는지를 나는 몰라
몰라서 늘 미안해

저렇게 닭 간이 많은데
나는 닭 간 살 돈도 많이 있는데
너만 없어

너만 가고 없어

분꽃이 낮에는 입을 다무는 이유

뱉은 말은 땅에 떨어지기도 전에
누군가 홀랑 집어가 씨앗으로 쓴다는데

퉤 퉤 퉤
하지 말아야 할 말을 함부로 흘리면
얼른 취소의 제스처를 하라고
할머니도 언니도 그랬지

저녁을 먹고 나면
분꽃 핀 화단 옆 평상으로 모이는 동네 사람들
나쁜 귀신이나 퉤 퉤 퉤 따위는 까맣게 잊고

소소한 일상부터
맘에 안 드는 이웃 흉에 은근슬쩍 자식 자랑까지
참깨 첫물 쏟아내듯 와르륵 와르륵 떨어내는
말 말 말

그때부터였던 것 같아
분꽃이 낮이면 입을 다물기 시작한 게

분꽃은 아마도
밤마다 들은 말을 떨어뜨릴까 봐

그래서 그 말을 나쁜 귀신이 주어다 싹으로 내
그리하여 나쁜 싹으로 자랄까봐
입을 꽉 다물어 버렸나 봐

분꽃은 날마다
행여 자기도 모르게 들은 말을 흘려버릴까봐
조마조마했을까?

아마도

우리 화단에 있는 봉숭아 분꽃 채송화가
올해도 남동 우체국 화단에 피어있는 걸 보면

아마도
남동 우체국엔
나와 똑같은 사람이 근무를 하는 게야

지날 적마다
화단을 가만히 들여다보고 있자면
이상도 하지
마묵골 넘어
돌배로 배 채우며 달음박질치던
깨쟁이 청마 국민학교 친구들이 보고 싶어져

몇 년 전 생사를 달리한 용호도 보고 싶고
성훈이며 미녀, 지연이, 길남이, 희숙이, 순자, 미성이, 민식이, 성환이
내 마음에 여름 빛깔로 반짝거리는
그 애들

슬쩍
우체국 문을 열고 들어가

친구들에게
봉숭아 분홍 잎에 꼭꼭 눌러 편지를 쓰면
남동 우체국의 화단을 가꾸는 그 사람은
아마도
일일이 주소를 말하지 않아도 하나하나 알아서 잘 부쳐 줄 것 같으니

분명 그럴 것도 같으니

안경을 닦을 시간

생각하면 뭣허겄소 마는 나가 요놈만 먹자면 우리 아들 생각이 나느만요 에미 두고 먼저 간 놈 생각하면 뭣하것소 암만 생각하면 뭣하것소

괜스레 닦을 것도 없는 방바닥만 앉은걸음으로 문지르다
검버섯 가득한 할머니의 얼굴로 번지는 눈물이
텔레비전 화면에 가득 찬다

순간
내 안경으로 튀는 눈물방울들

먼저 간 내 동생들과
늘, 나는, 괜찮다를 입버릇처럼 붙이고 사는 울 엄마

어쩌다 우리는
어쩌다 우리는

멈추지 않는 눈물
그냥 둔다
한참을 그냥 둔다

그러나 이제는 목단처럼 환한 내 아이들이 돌아올 시간

＞
나도 엄마
텔레비전을 끄며 안경을 벗는다
눈물을 훔치고 안경의 눈물 자국을 박박 닦으며
갈치를 지져 줄까
두붓국을 끓여 줄까

눈물 자국이 닦아진 안경을 다시 쓰고
나는 냉장고 문을 연다

유리문 너머엔 너울 해가 지고 있었고

오촌 아줌마

비누도 갉아놓고
부엌으로 들락날락 성가시게 구는 쥐를
조기 대가리 넣은 쥐덫으로 덜컥
잡아놓고
죽을 때까지 몇 날 두자니 못 견디겠고
패대기쳐 죽이자니 차마 못할 것 같은
우리 엄마

아래윗집으로
사십 년을 자매처럼 기대며 사는
스무 살은 어린 사촌 동서
내게는 오촌 아줌마한테
동서야 저것을 어쩌까나

이 경우의 어쩌까나는
의논형이 아니고
어떻게 좀 해달라는 청유형 부사

살생하지 마라
스님들은 벌레 성한 여름철엔
벌레 밟아 죽일까 하안거夏安居에도 드니
살생계殺生戒가 그토록 무서운 것임을 알아

절에 가면 부처님 전
부처님 뜻에 따라 살겠습니다
날파리도 함부로 안 죽이려
허리 납작 엎드리는 오촌 아줌마인데

간다

쥐덫 들고 간다
쥐 죽은 듯 간다

별일 아닌 척 형님 대신 간다
쥐 죽이러 간다

위하여

친구와 통화를 했지

이번 주말에는 남편과 둘이서 강릉 바닷가로 여행을 떠난다네
둘이서 떠날 수 있다는 게 좋지
그러대

그러면서
뭐 더 별말이나 하겠어 그래

맞지

얘기 끝에 가서 별일 없지? 하는데
또 뭔 별일이 있겠어

별일이란 한밤중이거나 새벽에 난데없이 날아드는
보통은 비보 같은 것
그런 일이 없기를 바라는 안부쯤이니
밀쳐두고

그 얘기가 그 얘기일 친구의 여행과
그 얘기가 그 얘기이길 바라는 나의 일상을 위하여

\>
오늘도
위하여다!

냉이

설이 가까우니
수정산 비닐하우스 볕 잘 드는 곳에 봄 냉이가 파릇
반가워라
살짝 데쳐 조물조물 무쳐 먹을까
된장 풀고 바지락 넉넉히 넣어 국을 끓여 먹을까
맛있는 궁리하며 다듬는데
먼저 나온 놈일까
누렇게 떡잎 진 맨 뒤의 이파리
문득
일찍이 돈 벌라며 문과 대신 떠밀려 간 상과에서 배운
재미없는 부기 시간
선입선출법
먼저 들어온 것이 먼저 나가는 것
아버지는 할아버지 뒤를 따라 온 순서대로 선입선출 되었는데
문과를 가 부기를 안 배운 탓이었을까
엄마보다 우리보다 먼저 세상을 나가버린 속 노란 고갱이 막내들
곧 설인데…
우리 모이면 고스톱 칠까
윷을 놓을까
그도 아니면 엄마의 얼음 뜬 식혜를 마시며 수다를 떨까

늘 그렇게 일곱 남매 모였는데
나 혼자 어정거리는 냉이 다듬기
냉이 이파리도 알고 있는 선입선출법을 막내들도 알았더라면
그리하여 아직도 내 돈 따먹겠다고
고! 고! 쓰리고를 외치고
업어라 도망가라 말판을 달리고 있다면
이것 봐라 요놈 냉이 맛있겠지
떡국처럼, 오는 봄처럼, 내가 맛있게 끓여줄 수 있을 텐데
너인 듯
나인 듯
떡잎 떼어낸 자리에 찬 물기만 돌아
맴맴
다듬다 만 냉이

양파 모종을 고르는 저녁

함께 살지만 가족은 아닌
없어도 무방한 나는

한 가족 밥상의 불빛이 크리스마스 캐럴처럼 넘치는 창 아래서
쌓인 양파를 다 까야 했던 것
양파를 다져 넣은 달걀찜은 냄새로만 먹었던 것

그러한 날이면
엄마 없는 나처럼 지상에서 멀리 떨어진 달만이 치마를 적시며 걸어와
얼어붙은 내 좁은 어깨를 안고 함께 울어주었지

양파가 매워서 나는 울었을까
속이 비어서 양파는 매웠을까

그 후로
양파같이 매운 건 안 먹겠다 다짐했지
양파를 **뺀** 달걀찜만 먹었지
양파는 달다는데
양파는 껍질까지도 피를 맑게 한다는데

\>
이제는 양파를 먹어 볼까
양파를 이제는 심어 볼까

노란 고지혈 알약을 삼키며
흔들리는 저녁 어스름에 양파 모종을 골라보는 것이다
나는

목공 이 씨 설날

부르기도 편하고 듣는 사람도 좋으라고
웬만하면 불러 주는 호칭
사장님!

일흔 줄에 가까운 목공 이 씨 구례로 일 갔다가 거기 진짜 사장 김 사장이 이 사장! 이 사장! 부르며 이만 원짜리 겨울 신발 두 켤레를 설 선물로 주니 본인만 살짝 사줘서가 아니라고 그 사장님 참 좋은 사람이라고 침 마르게 감격하며 신발 안에 털이 북실북실하니 아주 뜨시다고 손을 넣어 보고 또 넣어보고 자랑 자랑하다 설날이라 다니러 온 사촌 형님 신발 좋다는 한마디에 한 켤레를 덥석 싸 보내고 뒤이어 인사 온 처제에게 김 사장 신발 하사 건 또 풀어 놓는데 두 켤레 중 하나는 사촌 형님 줬는데 신발 안에 털이 북실북실하니 형님이 아주 좋다고 했다고 풀 먹인 입성처럼 빳빳하게 힘이 서는, 이백만 원은 될성부른 목소리며 햇빛 쨍한 겨울 창공을 가르는 까치 꽁지처럼 기분 UP! UP! 되어 며느리가 사 준 지갑에서 만 원짜리 지폐 석 장 꺼내 척 치켜들고는 처제 맛있는 거 사 먹어라 한다

김 사장의 이만 원짜리 신발 두 켤레에
혼자 급 팍팍 올려보는 목공 이 씨
이 사장의 설날

잡초

오늘
바람의 기분
빠르게 헤아려보더니

서둘러
납작납작 엎드리고 있다

밥

주유소 집 흰둥이

제 새끼 모두 팔아 치운 주인이 준 밥을
젖가슴 덜렁거리며
우걱우걱 먹는다

먹는다

우리 엄마
자식 먼저 보내 놓고
먹어야 사는 겨
암, 산 사람은 살아야제
꾸역꾸역 밀어 넣던 희디흰
목숨처럼 질긴

밥

한참을 먹기만 하던 흰둥이
먼데 보는가 잠시 고개 든 아래로
제 새끼들 또 놓친 듯 눈물방울처럼 흘려놓은

밥알 몇 개

>
그걸 또 먹겠다고
비둘기들
지붕 위에서 눈알 데굴데굴 굴리고 있다

묵정밭에서

삼십 년
꼬기작꼬기작 모아 장만한 땅
먼 산 아래 이백여 평

슬금슬금
방동사니 들억새 들어와 터를 잡았네
칡들도 내려와 은근슬쩍 살림을 차렸네
이게 어떤 땅인데 허락도 없이
이건 아니지

발 탕탕 구르며
예초기 충전하는데

구구절절 풀어 놓는 봄 뻐꾸기 울음 섞인 사연들

그래도 어림없지
눈 질끈 감고 예초기 돌리는 순간

재빨리
업은 아이 돌려 안다 엎어진 어미 칡 품에서
놀라 자지러지는
어린 칡꽃의

젖내

발가락이 부러진 어미 칡의 무연한 눈빛

저 맘
누가 알까
아이 업고 선 절벽 끝의 아득함
그 아득함을

나도 그만 퍼질러 앉아 버렸네

청마리에 가면은

강을 건너고도
첩. 첩. 첩. 첩 산골짜기
눈 밝힌 족제비가 밤마다 잠든 닭을 노리는
충북 옥천군 동이면 청마리
우리 엄마 사는 집에 가면은
20년 전 돌아가신 아버지가 쳐 놓은 울타리가 있지
키만 큰 가죽나무를 사이로 두고
밤나무 가지 종종 박고
함석 쪼가리를 덧댄
울타리
가죽나무 위에서
쓰름매미 날개 부비는 소리에도 주저앉으면 어쩔까
걱정이 되는 울타리
그러나
족제비도 밤새 넘보다 넘보다 그냥 돌아가는
앞으로 백 년도 끄떡없을
아버지가 쳐 놓은 성벽 같은 울타리가 있지
있지
그 안에서
울타리만큼 가랑거리는 팔순의 우리 엄마
뒷마당에 고추 한 고랑, 상추 몇 포기, 호박 한 구덕
고물고물

울타리 아래 동부 심어 올리며
동부 순 쑥쑥 오르듯 자식들아 잘 살아라
그저 탈 없이 니들만 잘 살아라
한 날로 허리 굽혀 산신께 빌고 비는
천 년도 끄떡없을
우리 엄마 치성의 울타리
동여지고 있지
동여지고 있지

2부

우채꽃 당신

귀도 잘 안 들려
발음도 부정확해
오해를 많이 받는 남편

잠이 힘든 내가
거실서 잠들면 안방으로 살금살금
안방서 잠들면 거실서 이어폰 꽂고 텔레비전 보는
살금이 남편이
제주도로 여행 갔을 때
유채꽃 보고 좋아했던 나를 기억하나 봐
텔레비전에서 우채꽃이 피었다고
어서 와서 보라고 비탈길 돌 구르듯 급한데
우채꽃?
아하, 유채꽃!
여보
나 따라 해봐
유,
유
채,
채
꽃,
꽃

한자씩 따라 하곤 결국
또 우채꽃
그래
아무렴 어때
우채꽃이나 유채꽃이나

당신이 좋아하는 내가 좋아하는 꽃이면
그러면 됐지!

2월 초하루

할아버지는
거짓말도 안 하고 공부도 잘한다고
형제들 중 나를 제일 이뻐하셨다

동네잔치나 상갓집이 생기면 꼭 나를 데리고 다녔고
술 한 잔 들어가면
몸의 뼈가 모두 녹아내리는지 휘청거리다
사람들에게 시비를 걸고 술상을 엎고
아무 데나 드러누워 고래고래 소리를 질렀다
그때마다 할아버지가 없었으면 했다

내가 첫애를 낳던 해
대문 앞 소반에 밥그릇과 할아버지 검정 고무신이 놓이고
술이 들어오고 사람들이 속속 모여들고
잔치가 났는데
그것도 우리 집에서 잔치가 났는데
복작거리는 사람들 사이에서
할아버지 동서남북 시비 튀는 소리와
흙투성이 바지를 끌며 상을 뒤엎던 할아버지만 보이지 않았다

소란들 속

고요

어디에서도 찾을 수 없는 할아버지와
할아버지 고함 소리
그 생소함이 두고두고 나는 무서웠다

2월 초하루
눈 쌓여가는 오늘에도

점 하나

친정집 비어
아이가 엄마 찾듯 종종종
산비둘기 울어대는 산모롱이 돌아서는데
아버지 무덤이 먼저 보이는 산과 산 사이
멀리 날망짜리 밭에

밭고랑에 돌멩이 같은 점 하나
달랑

우리 엄마 맞는데
그 크던 우리 엄마 맞는데

시집살이
시집살이
술주정꾼 남편 살이
일곱 자식 둔 어미라고
쌌던 밤보따리 풀어놓고 풀어놓기만 하다
평생을 달아나지 못했다는
어미가 죄목인 저 땅강아지 생

이제는
참척의 돌덩이 두 개까지 꽁꽁 동여 짊어지고

느이만 잘살면 된다
나는 그저 느이만 잘살면 된다
무릎걸음으로 뽑고 있을
잡초들과의 질긴 분투

잡초라 하지 말라
분투에 잡초가 있을까

왈칵!
두 눈으로 흐려 오는
점 하나

적화 시기

할머니가 사라졌다

복숭아밭을 지키던 개 덕구도 사라졌다

봄은 무심히 오고
복숭아나무에는 물이 오르고 있다

나는 도시를 겉돌며 허기에 빈 젖이라도 필요했고 세상 난전에서 만난 쭈글한 젖에서도 복숭아 맛이 난다고 그 단맛에 빠져 잉잉거리는 어린 벌로 지낸 지 십오 년

나를 솎아야 했는데
철없이 피어나는 나는 혼자 안달만 하다
떨어진 꽃잎처럼 결국 놓쳐버린 할머니

그 후

이승과 저승의 경계처럼 가시 철삿줄 둘러쳐지고
경작이 금지된 복숭아밭

마음 안에서 혼자 놀아보는 할머니와 덕구와 나의 꽃 솎기

\>
울지 마라 아가야
울지 마라 아가야

마음에 눈 내리는 오늘도 복숭아꽃 붉다
잉잉 벌떼 정겹다

다시
적화 시기

토요일엔 옥금 씨가 더 행복하다

    손 귀한 집 큰 며느리로 들어와 암짝에도 소용없다는 딸 셋 내리 낳고 해 보고도 빌어 달 보고도 빌어 천금보다 귀하게 얻은 우리 엄마 옥금 씨의 아들이 장가를 가 아이를 낳고 차로 삼십여 분 거리로 분가해 살면서 아버지 돌아가신 후로는 일곱 날 중 하루 토요일엔 어지간하면 안 빠지고 엄마한테 들러 잠을 자고 가는데 철 따라 엄마 입맛 다실 것 빼놓는 법 없다고 지금은 겨울이라 붕어빵을 사 오는데 식지 말라고 옷 속에 품어 오고 뜨끈한 순대도 국물까지 얻어 가지고 와서는 엄마가 끓여주는 동탯국에 마른 콩을 갈아 넣은 잡곡밥을 고봉으로 퍼줘도 땀까지 철철 흘려가며 잘 먹는다고 잘 먹어 잘 먹어 내가 해주는 건 뭐든 맛있다고 아주 잘 먹어 말하고 있는

    북태평양 물살을 가르는 명태의 힘찬 지느러미질처럼 푸른 물이 뚝뚝 돋는 옥금 씨의 싱싱한 전화 목소리

그대로 멈춰라

해마다 운신이 다르다는 85세 엄마와 이모부 간병에 꼼짝하기 힘든 78세 서울 이모가 조카 결혼식장에서 오랜만에 만났다 원래는 보행 의자 밀고 다니는데 결혼식장에선 예의가 아니라며 지팡이 짚고 한 걸음 한 걸음 걷는 엄마

며느리와 손주들 앞에서
마음만은 애들처럼
애,
언니,
둘이 애틋하다

로비에서 헤어지며 서울 이모가 아기 보듯 양손으로 엄마를 감싸고 눈 맞추며 *언니, 더 늙지 말고 꼭 요대로 있다가 또 봐* 하는데

내가 어쩔 것이냐
네가 어쩔 것이냐

밖으로 나오니 목련꽃 뚝뚝 지고 있는 걸

하다가도 하다가도

태어날 때 누군가 내 앞에
몇 그릇인지 모를 떡국 상을 차려 주며
다 먹어야 돌아올 수 있단다 했을까

누가 가르쳐 주지 않아도
아주 맛있게
때로는 입맛에 안 맞아도
넙죽넙죽 먹어 치운
떡국
이제는 몇 그릇 남았을까

빛바랜 맨드라미 등 같은 슬픔이
목구멍까지 차오르는 날이거나
캄캄 절벽에 홀로 선 들개 울음처럼
산다는 것이 팍팍하다 싶을 땐
어서 어서 내 떡국 다 먹어져
깔끔하게 다 치워진 밥상 들고
금의환향하듯 돌아가게 됐으면
하다가도
하다가도

참척의 한 깊고 깊은 떡국

아직도 눈물로 넘기고 있는 내 어머니
돌아누운 등을 보게 되면
아니지 아니지
내 어머니 떡국보다는
내 떡국이 한 그릇이라도 더 남아
참척의 아픔 더는 겪지 않게 해야지
그래야지 그래야지

그렇게 되게 해주소서
저절로 무릎 꿇게 되는

붕붕카

장수슈퍼 앞
붕붕카 타고 거침없이 운전하던
서너 살쯤 되는 아이

진로를 변경하는 순간
평상 다리와 튀어나온 돌 사이에 끼어
이리 틀고 저리 틀어도 덜그럭거리기만 할 뿐
빠지지 않는 붕붕카

어쩔 줄 모르는 아이
주위를 두리번거리다 나와 눈이 마주쳤다
울음보가 터지기 직전의 얼굴

어릴 적
구정물 통에 빠져 허우적거리며
나를 향해 구원의 눈빛을 보내던
아군과 적군 따위는 아예 안중에 없는
어린 생쥐의
동그랗고 말간 눈 같다

말없이 다가가
구정물 통에 긴 막대기를 대어주었듯

슬그머니 평상 다리를 밀어 놓는다

붕붕카 바퀴를 빼내는 일이거나
구정물 밖으로 나가는 일이
저 혼자의 몫임을
아직은 모를

저 어린
저 말간 눈

산에는 웃음꽃이 산다

사람이 무서워
산으로 갔다는 사람이 그러데
꽃이
하하 웃으며 반기더라고
그래서 지금은 꽃과 이웃해 웃음을 배우며 산다고

살다 보니 나도
사람이 조금 무서워진 적 있었어
그때
진짜로 꽃이 하하 웃는지
웃음이 배워지는지 궁금해졌지
그래서 산으로 가 보았어

산 중간쯤이었지
시샘 바람에 몸을 뒤채는 생강나무 꽃들이
잎도 없이
정말 산이 떠나가라고 목청도 좋게
하하 하하
웃고 있더라고
바위틈 새 아직 남은 살얼음 기둥이 무너져라
계속 웃느라고
노란 입을 다물질 못하더라고

\>
그 웃음은 말이야
내가 배우고 어쩌고 할 새도 없이
하하 하하
내 속으로 비집고 들어섰고
내가 그냥 막 따라 웃고 있더라고
그러자
영춘화도 기웃기웃 고개를 내밀다가
하하 하하
노루귀꽃도
하하 하하
봄 산이 온통 들썩들썩하더라고

엉터리 셈법

저장고서 양파 두 자루
헛간에서 감자 한 박스
처마 밑에서 마늘 석 접
뭐 더 필요한 거 있나 잘 생각해 봐라
된장은 안즉 있냐?
고춧가루는?
아삭이, 가지, 애호박도 빠치지 말고
수박은 깨질라 한 편에 잘 실어라

택배도 못 부치고
저것들을 어쩌나 시름이었는데
마침 와서 가져가니
내가 아주 오지게 수지맞았다며
싱글벙글

언제 허리 다리 아팠냐는 듯
앞마당 뒷마당을 삼십 청춘처럼 가로지르며
뭘 더 실어 보낼 게 없나
바람에 내달리는 바람개비 날개 같은 우리 엄마

차가 내려앉도록 실어주고
몰래 지갑까지 채워 놓고도

우리 볼 적마다
제대로 믹이지도 갈치지도 못했는데 앞가림들 다 잘하고 사니
이 정도면 에미로서 수지맞은 장사 아니냐며
수지, 수지를 후렴구처럼 입에 달고 사는

엉터리 셈법 우리 엄마

밤 뻐꾸기

뻐꾸기는
품을 수 없는 알
오목눈이 둥지에 넣어 두고
에미 예 있다 뻐꾹
미안하다 뻐꾹
내내 운다지

늙은 우리 엄마는
품을 수 없는 나
이모 집으로 보내 놓고
고모 집으로 보내 놓고
해 기우는 먼 산으로 사람 소리 못 내고
뻐
꾹
뻐
꾹
별 다 지도록 뻐꾸기 울음소리만 냈다지

미안했다 뻐꾹
미안했다 뻐꾹

오늘밤도 우는 저 뻐꾸기처럼

있는데 없는

　소래포구엔 꽃게 숭어 망둥이 다 있는데 가시고기는 없어 가시고기는 제 살을 다 뜯어 먹이며 새끼를 키운다는 아빠 물고기라지 그 소래포구 근처 샛별 어린이집에는 있는데 없는 아이가 있어 잠이 오면 비칠비칠 걸어와 내 무릎에 젖내를 묻는 해풍에 한들대는 해당화 한 잎 같은 아이 아빠는 아이가 생겼다는 걸 안 순간 파도 거품처럼 사라지고 베트남 학생인 엄마가 아빠 대신 가시고기가 되어 돈 벌러 갔지 아빠가 없어 출생 신고를 못해 이 나라에 사는데 나라도 없고 호적도 없는

　있는데
　없고
　없어

　감기를 달고 사는 아이 별일 아닌 것이 큰일이 되는 아이 있는데 없는 게 너무 많은 코코가 자고 있어 투명하게 자고 있어 코코가 소래포구 샛별 어린이집에서
　내 무릎에서

　아이는 코코 잠이 들고
　아이는 그저 코코 잠이 들어

보끈 땅콩 2되

얼음 풀린 장수천을 지나
싸리가지 물오르는 소래산 초입

좌판 장이 섰다!

장꾼이야 있건 없건
전대가 바지를 다 덮은 할머니 한 분
바쁘다

간 심장에 조은 헉개열매 1되 5000원
보끈 땅콩 1되 2500원
뼈에 조은 홍와씨 1되 4000원

맞춤법은 알아서 읽으라고 마침맞게 놔뒀는데

나 결혼할 때
못 갈쳐 미안하고 그저 잘 살라고
언제든 심들면 다시 도라오라던
한 자 한 자 꼭꼭 눌러써 준
웃다가 울다가 읽었던
친정엄마 꼬불랑 편지 생각나

>
그 편지 생각나
보끈 땅콩 2되를 산다

수족관 서점

글자 읽는 게
세상에서 제일 힘들다는 남편

내가 쓴 시를
본인은 읽기가 싫고
누군가 대신 읽어 줬으면 좋겠기에
꼼수를 찾다가
만만할 독자들을 찾아냈다

가갸거겨 전혀 모르는 수족관 속 구피들

말간 수족관 뒤편 유리에
내가 A4 용지로 출력해 준 시 한 편 떠억 붙여 놓고는
안 읽으면 밥 안 준다고
구피 밥통 들고 협박을 하니

구피들 매일 A4 용지 앞에 모여들어
깨알 같은 글자 앞에서
꿈벅꿈벅

옳지 옳지 그렇지
감사한 줄 알아라 나 아니면 어디 가서 이런 시를 읽겠냐며

신바람 난 남편

나를 바라보며 으쓱

으이구
글 읽기 싫은 남편 홍보 덕에
오늘도 나는 구피 수족관 서점의 베스트셀러 작가

아버지의 물꼬

장마가 시작되었다

평생 농사꾼인 아버지에게 장마철에 제일 중요한 건 논마다 다니며 물꼬를 내는 일이었다 윗골 논에 물꼬를 내기 위해 쓰디쓰다는 입맛에도 밥 한 그릇 물 말아 설렁설렁 밀어 넣고 나가시던 아버지 그런 아버지가 합이 안 맞은 할아버지와 우리가 긁어 절반도 남지 않은 폐를 끌고 중환자실에 누워 계신다 한나절 뻐꾸기 소리거나 빗소리가 아닌 삐- 삐 거리는 기계음을 듣고 계신다 늘어진 런닝구 대신 뻣뻣한 환자복에 링거 줄 줄줄이 달고 물꼬를 보러 다니듯 당신 폐 속으로 목숨 줄 찾아 동분서주하고 계신다 기계음은 그칠 줄 모르고 자꾸 저쪽으로 돌아눕는 하얀 발이 보여 아버지 장마잖아요 이제 그만 아버지의 논으로 돌아가요 돌아가서 논마다 논마다 물꼬를 내야지요 가요 아버지 어서 가자구요 아버지

빗소리 거세지고 있다

3부

알고 있지 엄마는
— 뻐꾸기는 그냥 우는 거란다 친구야

들리는가 엄마야
저 뻐꾸기 우는 소리

감나무에서 떨어져 뭉개진 홍시처럼 되기 전
엄마는
봄날의 볕 좋은 마루 끝에서
뻐꾸기가 저리 우는 사연을 얘기해 주곤 했지

미안하지만 애야, 물을 다오
애야, 밥을 다오
쉬가 마렵구나
애야,
애야,
밤낮도 없이 삼 년이 몇 번을 지나가고

뻐꾸기가 우는 건
버리면 안 되는 걸 버린 죄가 있어 우는 게 아니라고
나오지도 않는 쉬를 배 두들겨 받아 들고
똥통 앞에 서서
뻐꾹,
엄마 물어다 함께 버리기를 몇 번

>
기어이
산속 무덤에 엄마를 버리고 내려온 후
이승의 이랑에서
뻐꾹,
철도 없이
밤낮도 없이 들려오는 뻐꾸기 소리

알고 있지 엄마는
알고 있지 엄마는

뻐꾸기가 왜 우는지를

옥수수

내 친정은 충북 옥천 동이면 가덕리
별칭 더디기

첩 첩 첩 첩 산골짜기 더디기에는
국민학교 일 년 선배이자 친구 같은 민식이가
옥수수며 콩을 키워 먹고 사는데
돈 좋아하는 김민식이 옥수수 한 자루 공판장에 덜 팔고
오랜만에 친정 온 나 먹으라며
메고 와

별 건 아니지만 막 딴 거라 맛은 있을 겨

가마솥 가득 쪄 먹는데
들큼하고 고소하고 찰지고
옥수수 알마다 톡톡 터지는 민식이 마음 덕에
양념해 숯불에 구운 닭고기도 장어도 내팽개치고
옥수수만 몇 통을 먹고도

맛있어

집으로 돌아오는 차 안에서도 먹고
집에 와서도 또 먹고

\>
몇 개는 부러 남겨 냉동고에 넣으며
귀한 것은 냉동고에서도 움이 돋고 싹이 자라지

그라지
그라지

방아깨비처럼 혼자 그러고 있다

월동 준비

찬바람 눈독 들여
씨근씨근 붙어 있는 창문 틈새에
스폰지 문풍지를 채워 꼭꼭 여미고 한 겹 더 여미고
안방 장롱 위 오래된 액자처럼
제 길 찾아 끼룩대는 기러기 무리 날으는 유리창에
우리 엄마 큰아들
그러니까 내 동생이
꽃무늬 뽁뽁이를 붙인다

부엉이 춥다 춥다 앞산에서 우는 밤
군밤 묻어 둔 화로 곁의 할머니 옛날이야기처럼
야문 동생 손끝이 지나가는 유리창마다
우리 엄마 춥지 마라
우리 엄마 춥지 마라
겨울보다 먼저 당도한 봄이
핀다

뽁뽁이 속 영춘화 목단 개나리
하르르 하르르
핀다
기러기 지나간 자리마다
화안—하게

화안―하게
불 밝히듯
핀다

우리 엄마 혼자 사는 집
꽃들의 웃음소리 번져간다

이제야 알았네

　시어머니가 입에 달고 산 내 아들 내 아들 삼십여 년 동안 나는 서운타 서운타 쑥국새처럼 울었지 시어머니 돌아가시고 나 시어머니 되니 이제야 알겠네 시어머니란 게 오로지 아들의 엄마라는 것을

이 형사댁

갈래머리 열아홉 살 창금이는 좌도 몰라요 우도 몰라요 빨갱이는 더 몰라요 순순히 장독대 잘 닦고 있으면 살구꽃 피는 봄 좋은 데로 시집 보내주마 아버지 약속을 하셨는데 여순*의 담장 너머 날 선 죽창은 밤낮 피를 흩뿌려 아야, 니 오빠 살려야 않겠냐 이 형사가 너 안 주믄 니 오빠 빨갱이 만든단다 시집 가야겄다 미안하다 고개 숙인 아버지와 부엌 샛방에서 떨고 있는 오빠를 보며 서둘러 시집을 갔다네 처음 본 무섭고 또 무서운 이 형사 가장은 무엇이 다냐 바람둥이 바람둥이 웬수같은 이 형사 돈 한번 갖다준 적 없이 기집 잡아먹듯 술만 퍼먹다가 다섯 남매 남겨두고 나 몰라라 일찍이 갔다네 뭘 해서 이 감자알 같은 새끼들을 굶히랴 순천 아랫장으로 보따리 이고 지고 구례 장으로 밤길에 넘어져 허리가 물크러지고 어깨가 끊어지기도 해 나 죽거든 무슨 일이 있어도 그 문디랑 합장은 하지 말그라 해놓고

이 형사댁 아흔둘 질긴 세상 발아래 두고 가네 흰 고쌀에 설운 세월 접어 안고 연지곤지 바른 듯 수줍음 안고 살구꽃 입술 버선발 가지런한 새각시처럼 상여에 오르네

* 여순사건

일갈

별일 없으면 일주일에 두 번은 엄마한테 다녀가는 진정
효자라 칭 받는 내 동생이 허리 아픈 엄마가 꽃잎으로 어
질러지는 마당을 매일 쓸어야 하는 수고를 염려해 *오늘은
누나, 장미를 확 털어 다 쓸어버릴까?* 한다

그 옆으로 천천히 보행기 밀고 가던 꽃 좋아하는 엄마
이렇다 저렇다 긴말 없이
혼잣말처럼

꽃을 그러면 쓴다냐

이 남자

　처음에 이 남자 주춤주춤 게걸음으로 다가와 내가 필요하다고 단지 필요하다고만 했어 필요하다는 건 서로 등을 기대는 일이거나 꽃으로 치자면 꽃과 꽃받침으로 남아도 된다는 것이니 남자 여자 사랑 따위는 해 지면 사라지는 그림자 같은 거라고 생각했지 그러니 서로의 필요에 의한 언약식인 줄 알았는데 서른 해 넘도록 이 남자 꽃받침으로 낮게 엎드려 내가 고개 돌리는 곳마다 햇볕을 물어 나르고 빗속을 첨벙대다 적셔온 신발을 말리며 자장자장 좋은 꿈 꾸어요 재워 놓고 내가 깰 때까지 기다리곤 했지 속도 없이 세월 따위는 모른다고 아직도 내 발치에서 이울기를 기뻐하는 이 남자를 나는 이제야 사랑하기 시작했네

잡초라 불리는 것들

베란다 밖 난간에 내놓은 천냥금 화분에
잡초들이 자리 잡고 주뼛거린다

날 낳아 세상에 내어놓으며
이름자 높이 못 만들어 보내 미안하다
미안하다
지금도 뒷전에서 그저 미안하다는
조밥 먹는 산골짜기 촌사람
우리 엄마처럼

잡초라 불리는
천냥금 그늘 아래 이름자 제대로 받지 못한 것들
이것들의 어미도 꽃 피워 씨 맺어 보내며
이름자 제대로 못 달아줘
미안하다
미안하다 했을 터

허리 도도한 천냥금 아래
이래도 삶이란다 살아가는 이것들을
야멸차게 뽑아내지 못하는 것은
글쎄
무얼까

\>
무얼까?

팔 수 없는 무게

나는
동생이 팔지 못해 애먹는 대추를
가방 가득 담아 둘러메고 대추 팔러 간다

걷고
지하철을 타고
버스를 갈아타고
낑낑거리며 간다

씩씩하게

누나! 나 힘들어요
언니! 나 힘들어요
그 전화는 응급 구조신호였는데
놓치고 만 동생들

어깨에 피멍이 들도록 지금까지 짊어지고 있는
팔 수 없는 무게

이제는
그 무게 늘리지 말자고
지금 짊어질 수 있는 건 짊어지자고

나는 간다
씩씩하게 간다

팔 수 있는 무게를 팔러 간다

엄마의 겨울 채비

일찍이 해 저무는 산골짜기
흙벽에 말라가는 시래기처럼
대롱대롱
혼자 살고 있는 여든 다섯 엄마가
새로운 꽃을 또 찍어 문자로 보내왔다

이장 차 얻어 타고 장 구경 나갔는데
난전에 내놓은 꽃들이 얼마나 곱던지
짜장면 그거 안 사 먹고 꽃 몇 개 샀단다

꽃이 조롱조롱 핀 요놈도 보고 조놈도 보고
딴 놈들도 보다 보면
시간 가는 줄 모른다고
나 말고도 살아 있는 게 또 있으니
참 좋다고

올겨울도 이놈들과 놀아야겠다고

내 걱정은 암시랑도 말라고

한 치 걸러 두 치

미자 딸 연지가 갑자기 죽었다고 선자에게 전화가 왔네 우리 서로 훌쩍거리며 미자 어쩐다니 걔 어떻게 산다니 미자 슬픔 만지는 중에 다시 선자에게 전화가 왔네 오전 나팔꽃 같은 선자 목소리 들리네 미자 딸이 아니라 미자 사위가 죽었다네 그 말에 가슴 쓸어내리며 우린 그나마 그나마 다행이라 하고 있네는만 어떤 죽음을 두고 다행이라 하고 있나? 누구의 죽음을 두고 다행이라 하고 있나? 이 무섭고 또 무서운 한 치 걸러 두 치

사백 살의 느티나무

집 앞
등짝이 너덜너덜한
사백 살의 아빠 느티나무 새봄이 시작되니 좋겠네

영영 보내 놓고 저미는 가슴 속이느라
잊었노라
잊었노라
너도 속이고 나도 속일 필요가 없으니

겨드랑이 사이를 간지르는 태동이 지나면
아,
아기
옹알옹알 옹알이
파란 하늘에 까치가 물어오듯 낮달 같은 보얀 젖니
젖내 달큰한 고 작은 입으로
이다음에 크면 아빠하고 결혼할 거야
비밀처럼 배시시 속삭이겠지
그러겠지
그러다가 잠시 여행 가듯 손 흔들고 떠났다가는
봄이면 또
조르르
아빠

아빠
하며 돌아오겠지

매년을
기다리고 있으면 오고
기다리면 또 만날 수 있으니
등짝은 해마다 너덜너덜 더 헤져도
느티나무는 좋겠네
정말 좋겠네

화장을 하다

  분가하여 사는 아들이 간만에 오면 안색부터 살피는 내가 오늘은 엄마한테 오랜만에 가는 날이라 화장을 한다 복사꽃처럼 환해져라 아기처럼 보여져라 꼼꼼히 찍어 바른다

핑계

봄이 오면 가리라
진달래처럼 연붉었던 네게로

봄이 오고
봄이 피었다 지고 또 져가도
이제 더 이상 나이를 먹지 않는 너는
내 오랜 핑계 따위야 따지지도 않을 텐데
나는 혼자 비겁해서

늘
봄이 오면……

그래, 봄이 오면
핑계만

너에게 가는 길이 내가 나에게 가는 길이란 걸 알면서도
한참 가 보지 못한
곳

오늘은 봄보다 먼저 나선다

네가 한 잎으로 떨어졌던
그 곳으로

낙숫물 소리

투둑
투둑
투두두둑

앞집 파란 지붕 위로 눈 와서 쌓였다가
눈 녹아떨어지는 낙숫물 소리

나는 따순 이불속에 누워
아! 이 소리 언제 들었었더라

눈 오는 날
우리 형제들 마당에서 고샅까지 나가 울퉁불퉁 눈사람 만들어
개선장군처럼 대문 앞에 눈사람 몇 개
세워두고

김 펄펄 나는 양말 벗어 던지고
아랫목에 서로 벌게진 발을 묻고 있으면
찐 고구마에 동치미 한 양푼 갖다주시던 어머니

정신없이 먹고 노곤노곤 젖어 들던 꿈속으로 떨어지던 소리
물받이 통으로 떨어지던 그 소리

맞아!

겨울 시렁에 걸리던 고구마 단내 같던
그 소리

4부

고추

그 해
봄부터 이른 더위가 들더니
졸면 죽는다는 병아리들이 졸기 시작했다

습기를 잔뜩 머금은 더위는 점점 더 극성을 부렸고
엄마의 고추밭으로 소도시 정도는 일순 삼킨다는 탄저병이
그예 돌기 시작했다

옘병처럼 무섭게 번진다는 탄저

초장에 얼씬도 못하게 해야 한다고
구석구석 농약을 독하게 치는 엄마의 노력에도 불구하고
탄저는 탱크의 무차별적인 공격처럼 맹렬히 돌격해 왔다
네 개의 시선이라도 가진 듯 사방을 휩쓸며 수그러들지 않았다

기어이 탄저는
아직 붉지도 않은 어린 고추들의
온몸 구석구석을 공격해 절벽 같은 흙 고랑으로 훑어 내렸다

우리가 하늘을 향해

대체 엄마가 뭘 그리 잘못했느냐고
무슨 죄를 그리 지었냐고 삿대질 해대는 사이
고추밭에 엎어져 있던 엄마가 다시 농약 통을 짊어지고
허정허정 고추밭으로 들어서며 말했다

야들아!
아직 남아있는 고추도 내 고추란다

누군가 왔으면

눈이 펄펄 내려
바람도 없이 눈이 펄펄 내려
죽은 내 친구 용호네로 오르는 길목에도
부산 어디쯤에서 산다는 순이 언니네로 가는 샘터 쪽으로도
요양원으로 간 아랫집 아짐네 마당에도
눈
눈은 쌓이는데

싸리나무 삽작거리 왁자지껄 눈 치우던 은빛 소란도 없어
아버지의 호통 소리도 없어
뒤꼍 굴뚝으로 오르던 흰 연기도
이제는 없어

사라져간 발자국 소리들만 벼린 기억처럼 뜨거워

대문간의 먹먹한 나를 향해
눈 밑이 거먼 겨울 산사나무를 향해
산 아래 길게 목을 빼고 서 있는 저 하얗게 눈 쌓인 길
저 길로
누군가 걸어왔으면

\>
저 눈길을 걸어
누군가 왔으면

다시 접시꽃이 피었다

외할머니 같던
아랫집 할머니네 화단에
흰 나비 떼처럼 환하던 접시꽃
접시꽃

접시꽃 무리
해마다 반갑더니

할머니 돌아가시고
유품 정리되듯 접시꽃들 모두 뽑혀져
할머니 또 보낸 것 같아
올 적 갈 적 서운하고 또 서운타 했는데

한 해 지나고 두 해째
어린 접시꽃 순 돋더니
할머니 남겨두고 간 인사 같은
흰 접시꽃
피어
환하다

다시 환하다

이만하면 되었다

이만하면 되었다

행운

아들아!
너는 어느 때에 금방 눈물 한 방울 툭, 떨어지냐?

엄마!
아직 그런 일 없었는데……

라면 팔기

마트에서
아르바이트로 라면을 판다

세일을 하는 매운 라면
일당을 받자면 삼십 개 판매는 기본
그 뒤부터는 인센티브라
끓인 라면 몇 가닥으로 사람들을 모으고
스트레스 받을 때는 매운 게 최고라며
가끔은 먹어줄 필요가 있다며
더 맵게 먹을 수 있는 레시피도 덤처럼 말해 준다
한 박스 들고 가는 아들 또래의 청년 손님에게
"맛있게 드세요"
허리 숙여 감사 인사를 하고
고개를 들면 미안해지는

속 버린다고 우리 애들한테는 절대 안 먹이는 라면
밀 해줄 수 없는 레시피

사는 게 뭘까

매워지는

言

'아'는 '아'로
'어'는 '어'로 들어라
아버지 말씀 들으며 자랐는데

'아'가
'어'가
사람들 사이를 굴러다니다가
여기서 저 사람에게 채이고 저기서 이 사람에게 채여
'가'도 되고 '거'도 되니

그 채인 말을 눈치껏 받아들여야
세상 살아갈 수 있다고
사람들이 말해

가끔은
아버지 말씀 무시하고

넘겨듣다
넘겨짚다

'아'는 '아'였다는
'가'는 '가'였다는

\>
살아남은 자들의 말 앞에서
휘청거리는 나

라임라이트*

아이들은
여름 들풀처럼 성성한데
나는 인생2막 언덕을 그믐달처럼 내려앉아

보다 못한 아이들
엄마에게 보름달을 선사하자고
머리를 맞대고
밤하늘 향해 사다리를 놓듯
작은 방 한쪽에서 서로 눈 찡긋거리며
쿵작쿵작

일보러 나간다고 나갔다 오더니
짜잔~~
커다란 라임라이트 두 송이 화병에 꽂아
부엌 창가에 띄워 놓고는

엄마야
엄마야
더도 말고 덜도 말고 보름달처럼만 웃어라
웃어라 엄마야!
한다

* 보름달처럼 커다란 목수국의 품종 중 하나

분꽃 인사

괜찮아?

어디서 나 힘들단 소리 들었는지
이렇다 저렇다 긴 말 없는 안부 전화

응
괜찮아

그 전화는
텅 빈 내 주머니 속에
잘 여문 분꽃 씨 하나 넣어준 것

어두운 내 화단에
노오란 분꽃 하나 피워보라고 토닥여준 것

아우들

참새 몇 마리
백일홍 나무 아래서 살갑게 놀고 있습니다

갑니다!
잘 가거라!
인사의 예도 없이 훌쩍 서쪽으로 길을 틀어
아주 가버린 아우들이 생각납니다

딱 한 번만이라도 보고 싶어 하다가
아니 아니 만나면 무슨 말을 어떻게 해야 하나
먹먹해 하다가

산 너머로 해가 떨어지는 걸 봅니다
기다림이 금지된 서쪽
으로

저 참새들은
늦기 전에 애타게 흔드는 서늘한 손짓을 알아채고
서로의 안쪽을 내어주는 방법을 빨리 알아냈으면 좋겠습니다
하여
서로의 깃에 부리를 묻고

환한 꿈속으로 함께 들었으면 좋겠습니다

여름을 정신없이 살아내느라 잊고 있었던
아주 가버린 아우들이 생각납니다
자꾸 생각이 납니다

오래 그리운 사람

장마입니다

비 피해는 없는지
안부를 묻듯 집 앞 회화나무꽃 내립니다
오다 만 기별처럼 소리도 없이 하얗게 쌓입니다

오소소오소소
다만 젖은 채

저를 지우는 것들은
어쩌면 저리 아무런 소리를 내지 않을까요

영정사진 속
너무나 다정했던 당신도 그랬습니다

스멀스멀
그리움이 아린 날이면
젖은 꿈속에서라도 행여나 당신을 만날 수 있지 않을까
먼 잠 속을 헤매도
목소리 한 잎조차 들려주지 않았습니다

그러하나

소리를 내지 않는 지워진 것들은
없는데도 또 오래오래 있는 것이라서
나는 늘 기다립니다

꽃잎도
당신도

쉼표

가끔은 말이야
쉬엄쉬엄 살고 싶을 때가 있어
해도 해도 깔끔하게 살아지지 않을 때도 있지

오늘이 그런 날
사는 일이 사死인 날

그래도 어쩌겠어 꾹꾹 밥을 먹듯
살기 위한 일말의 핑계를 찾아봐야지

나가서
할미새 꽁지처럼 걷다가
도둑 지키라고 묶어두었을
공사장지기 커다란 개를 만났는데
낯선 나를 보고
짖지도 않고 꼬리를 세워 살랑거리네

가끔은 이렇게
멍청해져도 괜찮다는 듯
제멋대로 사는 날도 필요하다는 듯

착착 찍히는 쉼표처럼
살랑살랑

다녀오마

"다녀오마"

아버지는 이렇게
인사를 남기고 병원으로 가셨다

다녀서

오마

그렇게 인사를 하였으니
늘 약속에 철저하신 아버지셨으니

다녀 오시리라
다녀서 오시리라

그러나
꽃상여 타고 들 건너 산 넘어가
뻐꾸기 소리로 다녀가신 아버지

그래도 나는
아버지
아버지
오늘도 기다리네

분홍 금낭화

사월
돌부리 아래 무릎 꿇고
분홍 금낭화가 연등燃燈을 올리기 시작한다

하나
둘
누구를 위하여
하나
둘
무엇을 위하여

밤에서 낮으로
저리 고운 등을 가지마다
가지마다 올리고 있나

허리 숙여
등마다 치성을 올리고 있는
금낭화를 가만히 들여다보고 있노라면
그 머리 조아림을 보고 있노라면
나는
막
평생을 아픈 매듭으로 맺혀 있는

그 사람을 위해서도
연등을 올려보고 싶어진다

그럴 수 있을 것도
같
다
.

마당 쓸기

　해 뜨기 전 오늘도 제일 먼저 일어난 어머니가 마당을 쓸고 있습니다 싸악 싸악 산신께 빌듯 허리 낮게 엎드려 당신만큼 닳은 몽당 수수 빗자루로 마당을 쓸고 있습니다 당신 평생의 아침 기도입니다

녹차 우리기

사람과 사람 사이
마음이 몸살을 앓을 땐 녹차를 우린다

잘 덖인 녹차 잎에
너무 뜨겁지도 너무 차갑지도 않은

물을
붓고

우리에 대하여
울어짐에 대하여

緣처럼
연하게

휘젓지 말라

숨 고르기

숨 고르기

해설

부재의 존재에 대한 소통과 공감의 시학
— 박경분의 시세계

황치복 문학평론가

부재의 존재에 대한 소통과 공감의 시학
— 박경분의 시세계

황치복 문학평론가

1. 낡아가는 것들, 혹은 시간이 쌓인다는 것

박경분 시인의 두 번째 시집이다. 이 시집을 읽고 있으면 시라는 것에 대한 통념을 반성하면서 다시 생각하게 된다. 절묘한 비유와 상징이 없어도, 현란한 수사와 기교가 없어도, 그리고 현학적인 철학과 사유가 없어도 공명과 공감을 자아낼 수 있다는 것, 그리하여 평범함과 담백함 속에서 감동이 우러날 수 있다는 것을 이 시집이 보여주고 있기 때문이다. 이른바 한국시사에서 바보이자 성자의 반열에 드는 시인들의 계보, 즉 천상병으로부터 시작하여 이성선, 이상국, 신현정, 이영식 등으로 이어지는 평범하지만 위대한 시적 유산의 계승자를 만난 듯한 생각이 드는 시인의 탄생이다.

이들의 공통점은 무엇보다 사무사思無邪, 생각함에 간사함이 없다는 것, 그리고 간사함이 없다는 것은 어린아이의 마음을 지니고 있다는 것, 어린아이의 마음이란 단순하고 담백하여 욕망의 그늘이 없거나 엷다는 것, 그리하여 맑은 거울이나 맑은 호수 같은 마음으로 거기에 비치는 대상이나 정경을 있는 그대로 반영해준다는 것 등을 지적할 수 있다. 욕망이 복잡하고 다기하지 않으니 시상이 담백하고, 기대와 소망이 높고 잡다하지 않으니 그 정서가 정갈하고 소박하다. 이러한 시의 정취가 또한 현란하거나 기발하지도 않는 시적 언어에 담기니 그 시적 공간 또한 담백하고 한적하지 않을 수 없다. 이러한 시적 미학은 페르소나, 혹은 시적 화자라든가 시적 주체를 설정할 필요도 없이 시인의 마음결이 고스란히 시적 맥락에 담겨 있기 마련이니 그 고적한 언어의 이랑에서 우리는 시인의 인격적 아름다움을 만날 수 있다.

 박경분 시인의 가장 주된 시적 관심사는 지금-여기에 없는 것들, 과거에 나의 삶의 주변에 자리잡고 있어서 나의 삶을 풍요롭게 해주고, 정서적 충만감을 제공했던 대상들이 사라진 현실이다. 그래서 시인은 지금-여기에서 벗어나 그때 거기로 달려가고자 하는데, 이러한 점에서 시인은 낭만주의적 시학의 전통을 이어받고 있다. 또한 과거의 그때를 향한 열망이 시상을 추동하고 있다는 점에서 시인은 에밀 슈타이거가 서정시의 본령이라고 말한 "회감回感, Erinerung"의 시정신을 체현하고 있다고 하겠다.

 그러나 이러한 현대시의 역사와 개념에 따른 분류로 시인의 시적 감동을 모두 표현하기는 어렵다. 박경분 시인의 시적 감동은 아마도 시인의 마음 깊은 곳에서 우러나는 정동을 가감 없이 드러내는 진정성에서 오는 듯하며, 그 꾸밈없는 정서가 어쩔 수 없는 인간의 유한성에 대한 애틋한 공감과 연민의 서정과 결합함으로써 상승효과를 발휘하기 때문인 듯하다. 여기에 하나를 덧붙이자면 보잘 것 없고 평범할지라도 자신에게 주어진 하루하루의 삶을 소중하게 간직하려는 마음, 그리고 자신과 같은 생명을 지닌 숨탄것들이 겪는 고통과 아픔에 대해서 그것을 자기화하는 전이통轉移痛의 경험을 들 수 있을 듯하다. 연약하고 취약한 존재자들이 직면한 고통에 대한 시인의 관심은 특별한 데가 있는데, 그 가장 주된 대상은 시간의 누적으로 인해서 낡아가는 것들이다.

    건강검진 받아보면
    여기저기 어느 정도 흠집 나 있는 남편처럼
    함께 늙어 온 거실의 가죽 소파
    새 소파의 반들거리던 윤기는
    군데군데 버짐으로 피고
    좀이 슬고
    우리의 목주름과 바래가는 자신감처럼
    가상사리가 너덜하다
    요즘엔 또 어디가 탈이 나려는지
    소파에 앉고 일어설 적마다
    삐이걱
    헐거워진 소리를 낸다

노사연의 만남 노래 가사마냥
아무리 늙어가는 것이 아니라 익어가는 것이라
외쳐대도
커 간 아이들의 그림자 길이만큼
늙어 온 것도 사실인 것을
아이들은
세대가 바뀌는 걸 인정하라는 듯
소파를 바꾸자고 보채지만
아직은 쓸만하다고
우리가 아직은 버려질 때가 아니라고
좀 더 둬 보자 미련을 두며
짙은 화장으로 얼굴 한쪽에 도는 검버섯을 감추듯
덮개를 교체하고
삐걱거리는 무릎에 인공 관절을 박는 양
신문지 한 장 착착 접어 소파 다리 아래 괴어본다
―「오래된 소파」 전문

  오래된 소파가 낡았다는 것, 그래서 "반들거리는 윤기는/ 군데군데 버짐으로 피고/ 좀이 슬고""가상사리가 너덜하다"는 것, 그리고 이제는 "삐이걱/ 헐거워진 소리를 낸다"는 것 등의 관찰 사실을 상세히 알려주고 있다. 시적 화자가 이처럼 "오래된 소파"에 대해 세밀한 사실을 알려주는 것은 그만큼 그것에 대해 애착을 느끼고 있으며, 그래서 안타까운 심정에 사로잡혀 있기 때문이다. 오래된 소파에 대해 이처럼 애착을 느끼는 것은 "우리의 목주름과 바래가는 자신감처럼"이라든가 "우리가 아직은 버려질 때가 아니라고"라는 구절에서 알 수 있는 것처럼 시적 화자가 낡아가는 소파에 대해서 동병상련의 공감대를 형성하고 있기 때문이다.

　낡아가는 것에 대한 시적 화자의 이러한 공감은 물론 "함께 늙어 온 거실의 가족 소파"와 같은 표현처럼 함께 세월을 같이 해 왔기 때문이다. 그러니까 함께 한 시간은 정이 들게 하고, 파괴적인 시간 앞에 서 있는 운명 공동체로서 결속과 유대를 형성하게 된 것이다. 그렇기에 "검버섯을 감추듯/ 덮개를 교체하"거나 "삐걱거리는 무릎에 인공 관절을 박는 양/ 신문지 한 장 착착 접어 소파 다리 아래 괴어보"는 행위는 낡아가는 것들에 대한 시인의 헌사와 연민의 발산과 다르지 않다. 낡아가는 것에 대한 시인의 애착은 "세대가 바뀌는 걸 인정하라는" 아이들의 주장에 담겨 있는 엄연한 자연의 질서에 대한 유한한 인간으로서의 어쩔 수 없는 한탄이자 유정함이라고 할 만하다. 다음 작품 역시 그렇다.

　　해마다 운신이 다르다는 85세 엄마와 이모부 간병에 꼼짝
　하기 힘든 78세 서울 이모가 조카 결혼식장에서 오랜만에 만
　났다 원래는 보행 의자 밀고 다니는데 결혼식장에선 예의가
　아니라며 지팡이 짚고 한 걸음 한 걸음 걷는 엄마

　　며느리와 손주들 앞에서
　　마음만은 애들처럼
　　얘,
　　언니,
　　둘이 애틋하다

로비에서 헤어지며 서울 이모가 아기 보듯 양손으로 엄마를 감싸고 눈 맞추며 언니, 더 늙지 말고 꼭 요대로 있다가 또 봐 하는데

내가 어쩔 것이냐
네가 어쩔 것이냐

밖으로 나오니 목련꽃 뚝뚝 지고 있는 걸
—「그대로 멈춰라」 전문

  85세의 엄마와 78세의 서울 이모가 조카 결혼식장에서 만났다는 것, 둘은 여든의 나이에도 불구하고 세월을 거꾸로 흐르게 하여 어린아이로 돌아가 있다는 것, 그래서 "얘,/ 언니," 하면서 애틋한 혈육의 정을 나누는 장면이 정감있게 묘사되고 있다. 하지만 더욱 시적인 장면은 서울 이모가 엄마의 얼굴을 감싸고 하는 말, "언니, 더 늙지 말고 꼭 이대로 있다가 또 봐"라는 대목이다. 파괴적인 시간의 힘 앞에 굴복할 수밖에 없음을 알면서도 이처럼 미래를 기약하고 싶은 것은 연약한 인간의 마음일 것이다. 부질없는 기대라는 것을 일면서도 이처럼 불가능한 미래를 기약하고 싶은 혈육의 애틋한 마음에서 시적 서정이 흘러나온다.
  시적인 정서가 폭발하는 장면은 "내가 어쩔 것이냐/ 네가 어쩔 것이냐"라는 외침인데, 이러한 외침 속에는 흘러가는 시간과 낡아가는 존재자의 엄연한 현실에 대해 인정하지 않을 수도 없고, 인정할 수도 없는 유한성을 지닌 인간의

딜레마 상황이 담겨있다. "밖으로 나오니 목련꽃 뚝뚝 지고 있는" 광경을 보면서도 자연이 하는 것을 모두 인정하기 싫은 삶의 애착과 미련이 "그대로 멈춰라"라는 제목에 투영되어 있다. 엄연한 자연의 질서를 무시할 수 없다는 것을 알면서도 그 법칙의 울타리 밖으로 벗어나고 싶은 것이 우리 같은 어리석은 중생들의 삶이고 바람일 수밖에 없다는 것을 암시하고 있는 장면이 아닐 수 없다. 그러나 시간이 흐른다는 것이 반드시 "늙어가는 것이 아니라 익어가는 것"일 수도 있음을 시인은 잘 알고 있다.

    처음에 이 남자 주춤주춤 게걸음으로 다가와 내가 필요하다고 단지 필요하다고만 했어 필요하다는 건 서로 등을 기대는 일이거나 꽃으로 치자면 꽃과 꽃받침으로 남아도 된다는 것이니 남자 여자 사랑 따위는 해 지면 사라지는 그림자 같은 거라고 생각했지 그러니 서로의 필요에 의한 언약식인 줄 알았는데 서른 해 넘도록 이 남자 꽃받침으로 낮게 엎드려 내가 고개 돌리는 곳마다 햇볕을 물어 나르고 빗속을 첨벙대다 적셔온 신발을 말리며 자장자장 좋은 꿈꾸어요 재워 놓고 내가 깰 때까지 기다리곤 했지 속도 없이 세월 따위는 모른다고 아직도 내 발치에서 이울기를 기뻐하는 이 남자를 나는 이제야 사랑하기 시작했네
    —「이 남자」 전문

"이 남자"를 시적 화자가 사랑하게 된 것은 시간의 힘 때문이다. 처음에 이 남자와 시적 화자는 단지 필요했기 때문에 서로 관계를 맺었다. 하지만 이 남자가 꽃받침으로 낮게

엎드려 내가 고개 돌리는 곳마다 햇볕을 물어 나르"기도 하고, "빗속을 첨벙대다 적셔온 신발을 말리며 자장자장 좋은 꿈꾸어요 재워 놓고 내가 깰 때까지 기다리곤" 하는 모습을 보고 시적 화자는 사랑에 빠진다. 물론 이 남자가 시적 화자에게 보여주는 행위는 사랑의 행위이며, 진정성 있는 마음에서 우러나는 배려와 보살핌이기에 감동적이기도 하다. 하지만 시적 화자가 진정으로 사랑에 빠지는 것은 "속도 없이 세월 따위는 모른다고 아직도 내 발치에서 이울기를 기뻐하는 이 남자" 때문이다.

  그러니까 이 남자가 시적 화자에게 보여준 사랑의 행위는 일회성에 그치는 것이 아니라 지속적이었다는 것, 그리고 그러한 행위의 누적이 곧 감동의 원천이 되었다는 것인데, 이울어가는 이 남자를 보면서 시적 화자는 유한한 인간으로서 동정과 연민의 감정도 느꼈을 것이다. 결국 사랑의 행위가 쌓이고 쌓여서 마음을 움직인 셈이며, 따라서 이러한 변화는 세월의 더께가 쌓이고 쌓여서 만들어낸 결과인 셈이다. 시간의 누적이 어느덧 형질 변화를 일으킨 것이며, 마음의 미세한 움직임을 일으킨 것이라는 점에서 시간의 흐름이 곧 시적 서정의 원천으로 작동하고 있는 셈이다. 다음 작품도 시간의 누적이 초래하는 서정적인 변화를 보여준다.

    사람과 사람 사이
    마음이 몸살을 앓을 땐 녹차를 우린다

    잘 덖인 녹차 잎에

너무 뜨겁지도 너무 차갑지도 않은

물을
붓고

우리에 대하여
울어짐에 대하여

緣처럼
연하게

휘젓지 말라

숨 고르기

숨 고르기
—「녹차 우리기」 전문

 '우리다'의 사전적 의미는 어떤 물건을 액체에 담가 맛이나 빛깔 따위의 성질이 액체 속으로 빠져나오게 하는 것이다. 시적 화자는 "사람과 사람 사이/ 마음이 몸살을 앓을 때" 녹차를 우린다. 녹차를 우리는 것은 응어리진 결기가 풀려나와서 평정의 상태를 회복하기 위한 전략이다. 옹이진 마음의 결을 녹차가 우러나듯이 자연스럽게 풀어지게 하여 이전의 상태를 회복하기 위한 셈이다.
 그런데 시적 화자가 녹차를 우리면서 회복하는 것은 자

신의 마음의 평정만이 아니다. "우리에 대하여/ 울어짐에 대하여"라는 구절에서 알 수 있듯이, 시적 화자는 녹차를 녹이면서 "우리"라는 유대감을 회복하기도 하고, "**緣**처럼/ 연하게"라는 대목을 보면 사람의 지배력 바깥에 있는 어떤 알 수 없는 인연과 운명의 힘에 대한 자각을 이루기도 한다. 그러니까 녹차를 우리는 행위는 마음의 몸살을 치유하는 과정이기도 하고, 또한 '우리'라는 관계를 회복하는 계기이기도 하며, 우리보다 더 큰 존재가 있어서 우리를 이렇게도 저렇게도 굴려가는 것을 생각하는 시간이기도 한 셈이다. 시적 화자는 이러한 과정을 통해서 마음의 굴곡을 해소하고 평정의 상태에 도달하게 되는데, 이러한 과정이 모두 시간의 마법이라는 점을 상기할 필요가 있다. 우러난다는 것은 곧 변화한다는 것이며, 변화한다는 것은 시간이 새겨진다는 것인데, 그러한 과정속에서 시적 서정이 발산되는 것이다.

2. 부재의 존재, 결핍의 충만

박경분 시인의 시 속에서 시간이란 파괴적인 힘으로 작동하여 인간의 유한성을 부각히는 계기이기도 하시나, 질적인 변화를 추동하는 힘으로서 성숙과 평정의 마음결을 통해서 시적인 서정을 일으키는 원천으로 작용할 수 있음을 알 수 있었다. 그런데 이번 시집에서 가장 주목되는 점은 부재와 결핍의 이미지라고 할 수 있다. 그때 거기에는 있었지만, 지금 여기에는 없는 것들, 그리하여 부재로서 존재하는 존재자들에 대한 시인의 형언할 수 없는 미련과 그리움이 시적 공간을 가득 채우고 있다. 부재와 결핍의 이미지는 물론 시간이 만들어낸 것이라는 점에서 박경분 시인의 시적 미학은 곧 시간의 그것이라 할 만하다. 부재라는 현상이 시인의 마음속에 그려내는 무늬들을 들여다보자.

    모래내시장
    닭집을 지나는데 요즘엔 보기 힘든
    '닭 염통, 닭 간 팝니다' 쓴 종이가 유리문에 붙어있어
    어머나 반가워라
    그 순간
    불쑥 생각나는 막내

    막내가 우리와 함께 살던 시절
    가난하여 닭은 잘 못 사고 싼 부산물로 찌개를 끓이곤 했지
    누나가 끓여주던 닭 간 요리는 천하일품이었다며
    그 앤 가끔 추억처럼 입맛을 다셨지

    추석 앞두고
    막내는 포장된 닭의 염통 한 봉지를 사 왔어
    닭 간은 살 수가 없었다며 아쉬워했어
    누구도 요리하지 말고 꼭 내게 해 달랬어
    얼마나 맛있게 잘 먹던지
    남은 것은 싸갔지

그리고 한 달 후
오카리나 하나와 옥팔찌 하나를 내게 택배로 부쳐놓고
제 자동차 안에서 스스로 생을 접었어
버르장머리 없게 아무에게 인사도 없이
갔어
왜 갔는지를 나는 몰라
몰라서 늘 미안해

저렇게 닭 간이 많은데
나는 닭 간 살 돈도 많이 있는데
너만 없어

너만 가고 없어
—「닭 간」 전문

  어렵지 않게 시상의 전개와 시적 전언을 확인할 수 있다. 어렵게 살던 시절 닭은 비싸서 못 사고 싼 부산물로 찌개를 끓이곤 했다는 것, 그리고 막내는 시적 화자가 해주는 음식을 가장 좋아했다는 것, 그런데 막내는 내가 해준 닭 염통 요리를 먹고 이유도 모르게 자동차 안에서 생을 접었다는 것, 그래서 닭의 간과 염통만 보면 일찍 생을 마감한 막내에 대한 하염없는 그리움에 젖는다는 것이 시적 전언의 내용이다. 어린 동생이 먼저 생을 마감한 극적인 사건 말고 시상의 전개로서는 별로 특별한 것이 없는 이 시가 감동적인 것은 부재에 대한 시적 화자의 태도 때문이다.
  "왜 갔는지 나는 몰라／ 몰라서 늘 미안해"라는 고백을 보면, 시적 화자는 막내가 이승의 삶을 견디면서 겪었을 마음의 고통에 대해서 아무것도 아는 것이 없었다. 그러니까 막내는 혈육에게까지 마음의 고통을 내색하지 않고 지독한 고독을 앓다가 생을 마감한 것이다. 이러한 사실에 대한 뒤늦은 깨달음은 시적 화자에게 회한으로 다가오고, 돌이킬 수 없는 운명에 대해 어찌할 수 없는 무력감을 느낄 수밖에 없다. 이러한 마음의 내면 풍경, 혹은 심문心紋이 독자의 감동은 자아낸다.

감동의 원천 가운데 하나는 부재가 곧 온전한 결핍이 아니라 부재의 존재라는 점이다. 시적 화자는 닭의 간을 보면서 "저렇게 닭 간이 많은데／ 나는 닭 간 살 돈도 많이 있는데／ 너만 없어／／ 너만 가고 없어"라고 하면서 풍요 속에서 느끼는 결핍을 토로한다. 시적 화자는 "너만 없어／／ 너만 가고 없어"라고 한탄하지만, 사실 막내는 언제나 시적 화자의 마음속에 응어리져 있다. 시적 화자가 닭의 간을 보면서 불쑥 막내를 생각해내는 장면은 그가 언제나 시적 화자의 마음속에 자리잡고 있었기 때문이다. 부재와 결핍은 부재와 결핍으로 끝나는 것이 아니라 부재의 존재로서 언제나 살아있는 사람의 마음에 출현하여 서정을 생성한다. 독자들 또한 그러한 서정의 장에 참여하게 된다. 시인은 이번 시집의 여러 편에서 부재의 현상학을 보여주고 있는데, 모든 시편들이 다 감동적이다.

선입선출법
먼저 들어온 것이 먼저 나가는 것
아버지는 할아버지 뒤를 따라 온 순서대로 선입선출 되었

는데
　문과를 가 부기를 안 배운 탓이었을까
　엄마보다 우리보다 먼저 세상을 나가버린 속 노란 고갱이 막내들
　—「냉이」부분

　내가 첫애를 낳던 해
　대문 앞 소반에 밥그릇과 할아버지 검정 고무신이 놓이고
　술이 들어오고 사람들이 속속 모여들고
　잔치가 났는데
　그것도 우리 집에서 잔치가 났는데
　복작거리는 사람들 사이에서
　할아버지 동서남북 시비 튀는 소리와
　흙투성이 바지를 끌며 상을 뒤엎던 할아버지만 보이지 않았다

　소란들 속
　고요
　—「2월 초하루」부분

　지날 석마다
　화단을 가만히 들여다보고 있자면
　이상도 하지
　마묵골 넘어
　돌배로 배 채우며 달음박질치던
　깨쟁이 청마 국민학교 친구들이 보고 싶어져

몇 년 전 생사를 달리한 용호도 보고 싶고
성훈이며 미녀, 지연이, 길남이, 희숙이, 순자, 미성이, 민식
이, 성환이
내 마음에 여름 빛깔로 반짝거리는
그 애들
— 「아마도」 부분

「냉이」는 봄날 냉이를 다듬다가 연녹색의 냉이잎을 보면서 먼저 이승을 떠난 동생들을 생각하는 작품이다. "엄마보다 우리보다 먼저 세상을 나가버린 속 노란 고갱이 막내들"이라는 구절 속에는 봄날의 노란 냉이잎처럼 먼저 떠난 어린 동생들의 죽음이 부조리한 현실과 같다는 울분과 항의가 섞여 있어서 시적 화자의 마음결을 읽어낼 수 있다. 「2월 초하루」라는 작품은 흥성거리는 잔치 속에 할아버지의 부재를 자각하는 시편인데, "복작거리는 사람들"과 정겨운 할아버지의 부재가 대비를 이루면서 그 상실감이 부조된다. 시인은 이러한 극적인 대비를 "소란들 속/ 고요"라고 표현하면서 태풍의 눈처럼 고요하지만 몸부림치는 정동의 파동을 살려내고 있다.

「아마도」라는 작품은 그때 거기에는 있었지만, 지금 여기에는 없는 초등학교 동창생들에 대한 추억을 표출하고 있다. 시적 화자는 "몇 년 전 생사를 달리한 용호"를 비롯하여 "성훈이며 미녀, 지연이, 길남이, 희숙이, 순자, 미성이, 민식이, 성환이" 등의 이름을 떠올리면서 잠시나마 그때 그곳으로 달려가 보는데, 이러한 장면은 윤동주 시인이 「별

헤는 밤」이라는 시에서 "소학교 때 책상을 같이 했던 아이들의 이름과, 패, 경, 옥, 이런 이국 소녀들의 이름과, 벌써 아기 어머니 된 계집애들의 이름과, 가난한 이웃 사람들의 이름"를 불러보는 장면을 연상시킨다. 박경분 시인이나 윤동주 시인 모두 풍요로웠던 과거와 이제는 없어진 소중한 것들을 떠올리며 회상에 젖는데, 이러한 장면들은 모두 부재로서 존재하면서 우리 삶을 한 없는 정동의 현장으로 몰고 가는 것들이다. 박경분 시인이 "소리를 내지 않는 지워진 것들은/ 없는데도 또 오래오래 있는 거라서/ 나는 늘 기다립니다"(「오래 그리운 당신」)라고 노래했던 것처럼 지금 여기에 없는 것들은 아주 없는 것이 아니라서 언제나 부재하는 형식으로 존재한다. 그러면서 그것들은 우리의 정서적 파토스를 격동시키는 기제가 된다. 또한 지금 여기에 없는 것들은 상실과 부재를 경험하고 있는 이웃에 대한 유대의 원천이 되기도 한다.

생각하면 뭣허겄소 마는 나가 요놈만 먹자면 우리 아들 생각이 나느만요 에미 두고 먼저 간 놈 생각하면 뭣하것소 암만 생각하면 뭣하것소

괜스레 낡을 것도 없는 방바닥만 앉은걸음으로 문시르다
검버섯 가득한 할머니의 얼굴로 번지는 눈물이
텔레비전 화면에 가득 찬다

순간
내 안경으로 튀는 눈물방울들

> 먼저 간 내 동생들과
> 늘, 나는, 괜찮다를 입버릇처럼 붙이고 사는 울 엄마
>
> 어쩌다 우리는
> 어쩌다 우리는
>
> 멈추지 않는 눈물
> 그냥 둔다
> 한참을 그냥 둔다
> ―「안경을 닦을 시간」 부분

  이 시의 시적 공간에는 "에미 두고 먼저 간 놈 생각하면 뭣하것소 암만 생각하면 뭣하것소"라고 애써 부정하면서도 하릴없이 "괜스레 닦을 것도 없는 방바닥만 앉은걸음으로 문지르"고 있는 할머니의 헤아릴 수 없는 회한과 고통이 가득 차 있고, "먼저 간 내 동생들과/ 늘, 나는, 괜찮다를 입버릇처럼 붙이고 사는 울 엄마"의 전혀 괜찮지 않은 상처가 아롱져 있다. 물론 이들은 에미 두고 먼저 간 놈들이 간직하고 있을 원망과 울분을 생각하고 있을 터인데, 그러한 상황을 어찌할 수 없기에 방바닥만 문지르고 있는 장면이라든가 자기 최면이라도 걸어야 견뎌낼 수 있기에 나는 괜찮다는 말을 입버릇처럼 되뇌는 엄마가 지녔을 마음의 무늬가 심금을 울린다.
  물론 먼저 간 동생들을 안타까워하면서 부재의 존재감을 수시로 느끼는 시적 화자의 아픔 또한 오롯이 새겨져 있다.

시적 화자는 자신의 아픔에 더해서 엄마의 슬픔이라든가 할머니의 비애를 온몸으로 받아들이기에 그 고통은 배가 된다. 그런데 이러한 슬픔이 모이면 작은 위로가 될 수 있을 터인데, "어쩌다 우리는/ 어쩌다 우리는"이라는 한탄 속에서 그것을 발견할 수 있다. 시적 화자가 토해내는 "어쩌다 우리는/ 어쩌다 우리는"이라는 비탄 속에는 불가피하지만 가혹한 운명에 대한 원망과 탄식이 배어 있지만, 그러한 운명을 혼자 겪는 것이 아니라 '우리'가 되어 겪는다는 위안과 공감의 안도감이 스며 있기도 하다. 그래서 부재의 존재감에 대한 공감은 다른 누군가를 향한 열망이 되기도 하는데, 이러한 열망은 타자를 주체 안으로 받아들이는 포용과 환대의 정감으로 발전한다.

    눈이 펄펄 내려
    바람도 없이 눈이 펄펄 내려
    죽은 내 친구 용호네로 오르는 길목에도
    부산 어디쯤에서 산다는 순이 언니네로 가는 샘터 쪽으로도
    요양원으로 간 아랫집 아짐네 마당에도
    눈
    눈은 쌓이는데

    싸리나무 삽작거리 왁자지껄 눈 치우는 은빛 소란도 없어
    아버지의 호통 소리도 없어
    뒤꼍 굴뚝으로 오르던 흰 연기도
    이제는 없어

사라져간 발자국 소리들만 벼린 기억처럼 뜨거워

　　　대문간의 먹먹한 나를 향해
　　　눈 밑이 거먼 겨울 산사나무를 향해
　　　산 아래 길게 목을 빼고 서 있는 저 하얗게 눈 쌓인 길
　　　저 길로
　　　누군가 걸어왔으면

　　　저 눈길을 걸어
　　　누군가 왔으면
　　　—「누군가 왔으면」 전문

　시적 화자가 "저 길로 누군가 걸어왔으면// 저 눈길을 걸어/ 누군가 왔으면"라고 하면서 눈길을 걸어서 누군가가 다가왔으면 하고 바라는 것은 부재의 결핍이 불러온 공감력의 확산 때문이다. 눈은 내려서 쌓이면서 지상의 흔적들을 모두 지우는데, 그로 인해서 시적 화자는 부재의 지평을 마주하게 된다. 세상은 눈으로 인해서 리셋되면서 초기 상태로 돌아가게 되는데, 이로 인해서 시적 화자는 없어진 것들에 대한 기억으로 충만하게 된다. 돌이켜 보니 어느덧 죽은 내 친구 용호도 없어지고, 부산 어디쯤에서 산다는 순이 언니, 그리고 요양원으로 간 아랫집 아짐네도 없어졌다. 또한 눈 치우는 은빛 소란도 없어지고, 이제는 정겹게 느껴지는 아버지의 호통 소리, 뒤꼍 굴뚝으로 흰 연기를 피우며 밥을 하던 엄마의 모습도 없어졌다. 그래서 소리 없이 내리는 눈은 "사라진 발자국 소리"들에 대한 기억을 벼리는 기

제로 작동하면서 시적 화자로 하여금 결핍 의식과 상실감으로 빠져들게 한다.

  이러한 상황에서 시적 화자는 누군가를 애타게 그리워하면서 찾아와주기를 고대하게 된다. 타자에 대한 포용과 환대의 감정이 고조되었기에 눈 쌓인 길이 "대문간의 먹먹한 나를 향해" 있는 것처럼 느껴지기도 하고, "산 아래 길게 목을 빼고 서 있는" 것처럼 느껴지기도 한다. 눈 쌓인 길이 타자로 통하는 소통의 공간이 되기도 하고, 타자와 연결되는 인연의 끈이 되기도 하는 셈이다. 이러한 사태는 부재의 현상학이 일으킨 결과들이다. 부재는 시인에게 결핍과 상실의 허탈감만을 조장하는 것이 아니라 타자와 연결되고 소통되기를 소망하는 에너지로 작동하면서 세계를 연결하는 공감의 네트워크를 형성하는 셈이다.

3. 엄마, 존재자들의 영원의 고향

  시간의 누적이 초래하는 사태들, 그리고 부재가 가져오는 다양한 의식의 현상학에 대해서 조감해 보았지만, 이 시집의 가장 넓은 주제는 바로 어머니라고 할 수 있다. 어머니를 위한 헌사라고 할 수 있을 정도로 이 시집은 곳곳에서 어머니에 대한 기억을 펼쳐놓고 있으며, 어머니를 향한 애틋한 그리움과 안쓰러운 위로가 지면을 수놓고 있다. 어머니에 대한 추억은 "찔레나무 가시덤불을 헤치"고 "굽은 허리"를 "굽혔다 또 펴"(「굴밤 묵」)면서 굴밤을 주워서 만든 "굴밤 묵"을 보내주었던 정성스러운 맛으로서의 어머니를 비롯하여, "부엌으로 들락날락 성가시게 구는 쥐를/ 조기 대가리 넣은 쥐덫으로 덜컥/ 잡아놓고"(「오촌 아줌마」) 죽이지도 못하고 죽어가는 것을 지켜보지도 못해서 오촌 아줌마에게 어떻게 좀 해달라고 부탁하는 마음씨 여린 성품에 이르기까지 다양하게 펼쳐진다.

  그리고 "울타리 아래 동부 심어 올리며/ 동부 순 쑥쑥 오르듯 자식들아 잘 살아라/ 그저 탈 없이 니들만 잘 살아라/ 한 날로 허리 굽혀 산신께 빌고 비는"(「청마리에 가면은」) 자식들에 대한 무한 사랑으로 삶의 자양분을 얻는 헌신적인 초상이 그려지기도 한다. 이러한 어머니의 초상은 우리 사회의 전통적인 어머니상이기도 하지만, 이러한 어머니로 인해서 자식들은 온전히 제 몫의 삶을 살아갈 자양분을 얻는다는 점에서 생명의 원천과도 같은 존재일 것이다. 시인에게 어머니가 생명의 원천처럼 다가올 수 있는 것은 어머니가 생명에 대한 존중을 체현하고 있기 때문이기도 하다.

    일찍이 해 저무는 산골짜기
    흙벽에 말라가는 시래기처럼
    대롱대롱
    혼자 살고 있는 여든 다섯 엄마가
    새로운 꽃을 또 찍어 문자로 보내왔다

    이장 차 얻어 타고 장 구경 나갔는데
    난전에 내놓은 꽃들이 얼마나 곱던지
    짜장면 그거 안 사 먹고 꽃 몇 개 샀단다

꽃이 조롱조롱 핀 요놈도 보고 조놈도 보고
딴 놈들도 보다 보면
시간 가는 줄 모른다고
나 말고도 살아 있는 게 또 있으니
참 좋다고

올겨울도 이놈들과 놀아야겠다고

내 걱정은 암시랑도 말라고
— 「엄마의 겨울 채비」 전문

  엄마가 장에 갔다고 고운 꽃을 보고는 짜장면 사 먹을 돈으로 꽃을 샀다는 것, 그래서 엄마는 "꽃이 조롱조롱 핀 요놈도 보고 조놈도 보고" 하면서 시간 가는 줄 모른다는 것, 또한 혼자 보기가 아까워서 시적 화자에게도 "새로운 꽃을 또 찍어 문자로 보내왔다"는 저간의 사정이 눈에 보이는 듯 그려지고 있다. 엄마가 이처럼 꽃을 좋아하는 이유는 "일찍이 해 저무는 산골짜기"에서 "흙벽에 말라가는 시래기처럼" 살아가기 때문일지도 모른다. "여든 다섯"이 된 엄마로서는 하루하루 해가 지는 것이 곧 이승에 남아 있을 시간이 얼마 남지 않았다는 신호로 해석될 수 있으며, 갈수록 마른 시래기처럼 건조해지는 삶을 실감하고 있기에 생동하는 생명의 상징처럼 보이는 꽃이 더욱 소중해 보일 수밖에 없기 때문이다.

  엄마는 저간의 사정을 "나 말고도 살아 있는 게 또 있으니/ 참 좋다"는 말로 집약한다. 요컨대 살아 있는 것이 옆에 있어서 같이 살아갈 수 있기에 외롭지 않다는 것인데, 여기에서도 우리는 생명들의 소통과 유대의 정신을 확인할 수 있다. 엄마는 타자를 자신의 삶의 자장 안으로 끌어들여 서로 소통하면서 삶의 가치와 의미를 발굴하고 있는 것이다. 이러한 공감과 유대의 정신이 곧 사랑이 아니고 무엇이겠는가?

저장고서 양파 두 자루
헛간에서 감자 한 박스
처마 밑에서 마늘 석 접
뭐 더 필요한 거 있나 잘 생각해 봐라
된장은 안즉 있냐?
고춧가루는?
아삭이, 가지, 애호박도 빠치지 말고
수박은 깨질라 한 편에 잘 실어라

택배도 못 부치고
저것들을 어쩌나 시름이었는데
마침 와서 가져가니
내가 아주 오지게 수지맞았다며
싱글벙글

언제 허리 다리 아팠냐는 듯
앞마당 뒷마당을 삼십 청춘처럼 가로지르며
뭘 더 실어 보낼 게 없나
바람에 내달리는 바람개비 날개 같은 우리 엄마

차가 내려앉도록 실어주고
　　몰래 지갑까지 채워 놓고도
　　우리 볼 적마다
　　제대로 믹이지도 갈치지도 못했는데 앞가림들 다 잘하고 사니
　　이 정도면 에미로서 수지맞은 장사 아니냐며
　　수지, 수지를 후렴구처럼 입에 달고 사는

　　엉터리 셈법 우리 엄마
　　— 「엉터리 셈법」 전문

　깊이 분석할 것도 없이 어머니의 헌신적인 사랑을 노래한 시라는 것을 금방 알 수 있다. 이 시에서 어머니는 수지맞은 장사를 했다고 '수지' 타령을 하는데, 엄마의 수지란 사실 자식들에게 일용할 양식을 베푸는 것이다. "양파 두 자루", "감자 한 박스", "마늘 석 접", 그리고 고춧가루, 된장, 아삭이, 가지, 애호박, 수박 등의 먹고살 양식을 잘 베풀어서 자식들이 배고플 걱정이 없어졌으니 엄마의 마음이 편안해서 수지맞았다고 하는 것이다. 또한 "제대로 믹이지도 갈치지도 못했는데 앞가림들 다 잘하고 사니/ 이 정도면 에미로서 수지맞은 장사"라고 하는 것도 자식들이 앞가림도 못하고 사는 꼴을 보면서 마음졸이지 않아도 되니 마음이 편안해서 수지맞았다고 하는 셈이다.
　어머니의 관심사는 오직 자식들의 건강과 행복이니, 자신의 관심사가 충족되었으니 수지맞았다고 생각하는 것이

다. 그러니 시적 화자가 굳이 "엉터리 셈법"이라고 하지만, 사실은 정확한 셈법이 되는 셈이다. 어머니의 바람이 모두 충족되었으니 수지맞은 것인데 여기서 수지란 세속의 이해 타산이 아니라 성스러운 지평에서 생성되는 수지라고 할 수 있을 것이다. 시인이 그려내는 어머니의 삶에서 성자의 풍모를 느낄 수 있는 것은 이러한 이유 때문일 것이다. 마지막으로 이러한 성자의 풍모가 잘 드러난 표제시를 읽어 본다.

    손 귀한 집 큰 며느리로 들어와 암짝에도 소용없다는 딸 셋 내리 낳고 해 보고도 빌어 달 보고도 빌어 천금보다 귀하게 얻은 우리 엄마 옥금씨의 아들이 장가를 가 아이를 낳고 차로 삼십여 분 거리로 분가해 살면서 아버지 돌아가신 후로는 일곱 날 중 하루 토요일엔 어지간하면 안 빠지고 엄마한테 들러 잠을 자고 가는데 철 따라 엄마 입맛 다실 것 빼놓는 법 없다고 지금은 겨울이라 붕어빵을 사 오는데 식지 말라고 옷 속에 품어 오고 뜨끈한 순대도 국물까지 얻어 가지고 와서는 엄마가 끓여주는 동탯국에 마른 콩을 갈아 넣은 잡곡밥을 고봉으로 퍼줘도 땀까지 철철 흘려가며 잘 먹는다고 잘 먹어 잘 먹어 내가 해주는 건 뭐든 맛있다고 아주 잘 먹어 말하고 있는

  북태평양 물살을 가르는 명태의 힘찬 지느러미질처럼 푸른 물이 뚝뚝 돋는 옥금씨의 싱싱한 전화 목소리
   —「토요일엔 옥금씨가 더 행복하다」 전문

토요일에 옥금씨가 행복한 것을 물론 사랑스러운 아들이 방문하기 때문일 것이다. "나 말고도 살아 있는 게 또 있으니/ 참 좋다고" 하는 엄마이니 살아있는 것 중에서 눈에 넣어도 아프지 않을 아들이 찾아와서 하룻밤을 자고 가니 이보다 더 좋을 수 없을 것이다. 더구나 어렵게 얻은 그 아들은 효심이 가득해서 "철 따라 엄마 입맛 다실 것 빼놓는 법 없다고 지금은 겨울이라 붕어빵을 사 오는데 식지 말라고 옷 속에 품어 오고 뜨끈한 순대도 국물까지 얹어" 오니 그 지극정성이 감동적이기까지 하다.

　하지만 정작 엄마가 좋아하는 것은 그 사랑스러운 아들이 "엄마가 끓여주는 동탯국에 마른 콩을 갈아 넣은 잡곡밥을 고봉으로 퍼줘도 땀까지 철철 흘려가며 잘 먹"기 때문이다. 아들이 엄마를 봉양해서 좋은 것이 아니라 엄마가 아들에게 밥을 해줄 수 있는 기회를 주어서 행복하고, 자신이 해주는 밥을 너무 잘 먹기 때문에 그것을 보는 엄마가 행복한 것이다. "잘 먹어 잘 먹어 내가 해주는 건 뭐든 맛있다고 아주 잘 먹어"라고 되뇌는 말 속에는 엄마의 마음속 풍족함과 감사함이 배어 있다. 엄마는 아들을 먹이고, 아들의 먹는 모습에서 생의 활력을 느끼는데, "북태평양 물살을 가르는 명태의 힘찬 지느러미질처럼 푸른 물이 뚝뚝 돋는 옥금씨의 *싱싱한 전화 목소리*" 속에 그 생의 환희와 기운이 담겨 있다. 아들이 잘 먹는 모습에서 행복을 느끼고 그것을 바라보면서 삶의 자양분을 발견하는 엄마의 삶이란 곧 타자의 행복에서 자신의 행복을 발견하는 성자의 그것이라 할 만하다. 시인은 부재의 존재감을 통해서 타자와 소통하고 공감하는 시적 지향을 추구해왔는데, 이러한 시의식은 바로 엄마의 삶을 보면서 배양된 것이라 여겨진다.

  지금까지 박경분 시인의 두 번째 시집의 시세계를 살펴보았다. 무엇보다 간결하고 담백한 시상 속에 시적인 것을 포착하여 감동적인 울림을 자아낼 수 있다는 것을 확인할 수 있었다. 시인이 이번 시집에서 번잡하거나 까다롭지도 않은 소박하고 수수한 시상의 전개를 통해서 깊은 울림을 자아낼 수 있었던 것은 꾸밈과 거짓이 없는 진실한 마음으로 시작에 임했기 때문일 것이다. 물론 이러한 작시술의 근원은 모든 낡아가는 것들에 대한 연민, 그리고 부재의 존재에 대한 형언할 수 없는 안타까움과 위로의 마음이라고 할 수 있을 터인데, 이러한 시심은 어머니의 삶에 대한 관찰과 체험에서 우러나오는 것처럼 보인다. 이러한 시심이 더욱 깊어지고 넓어져서 서두에서 말한 바보이면서 성자의 반열에 오른 시인들의 계보를 잇는 시인으로 더욱 그윽해지기를 기대해 본다.

박 경 분

박경분 시인은 2019년 계간 『에세이포레』(수필 부문)과 2025년 계간 『애지』(시 부문)를 통해 등단을 했다.

『토요일엔 옥금 씨가 더 행복하다』는 박경분 시인의 두 번째 시집이며, 그는 『토요일엔 옥금 씨가 더 행복하다』라는 시집을 통해서 '이야기 시'의 진수를 선보이고 있는데, 그것은 그가 오랫동안 이 세상의 삶과 사물의 이치를 연구하고 시를 써왔다는 것을 뜻한다. "북태평양 물살을 가르는 명태의 힘찬 지느러미질처럼 푸른 물이 뚝뚝 돋는 옥금 씨의 싱싱한 전화 목소리"의 표제 시와 '부재의 존재에 대한 소통과 공감의 시학'이라는 황치복 교수의 글이 그것을 증명해 준다.

이메일   aa940704@naver.com

박경분 시집

토요일엔 옥금 씨가 더 행복하다

발 행	2025년 11월 8일
지 은 이	박경분
펴 낸 이	반송림
편집디자인	반송림
펴 낸 곳	도서출판 지혜, 계간시전문지 애지
기획위원	반경환
주 소	34624 대전광역시 동구 태전로 57, 2층 도서출판 지혜
전 화	042-625-1140
팩 스	042-627-1140
이 메 일	eji@ji-hye.com
	ejisarang@hanmail.net
애지카페	cafe.daum.net/ejiliterature

ISBN   979-11-5728-594-5   03810
값   12,000원

이 책의 판권은 지은이와 도서출판 지혜에 있습니다.
양측의 서면 동의 없는 무단전재 및 복제를 금합니다.

* 본 사업은 인천광역시, (재)인천문화재단의 지원 사업에 선정되어 발간하였습니다.